INSTRUCTION GÉNÉRALE

POUR

L'ACCOMPLISSEMENT DES FORMALITÉS

DANS

LES VENTES JUDICIAIRES

CAHIER DES CHARGES

Les cahiers des charges devront être rédigés conformément aux modèles qui suivent et dont un exemplaire sera conservé dans chaque étude.

Il n'y sera inséré aucune clause qui dérogerait au droit commun, à moins d'autorisation préalable du Président de la Chambre.

Il n'y sera laissé aucun blanc ; les mots rayés et les renvois devront être approuvés et paraphés.

Les rectifications qui seraient nécessaires pour en compléter la rédaction, ne pourront, dans aucun cas, être faites sur le cahier des charges même, dont l'état matériel ne peut jamais être modifié après le dépôt ; elles feront l'objet de dires consignés, à leur date, à la suite du cahier des charges.

En matière de saisie, il y aura lieu par l'avoué poursuivant, en requérant l'état des inscriptions, de demander un état général séparé des transcriptions et mentions prescrites par l'article 4 de la loi du 23 mars 1855.

Il a été jugé utile que dans le cahier des charges qui, suivi des procès-verbaux de lecture et d'adjudication, qui sont l'œuvre du Tribunal et du greffier, constitue dans son ensemble le titre complet de l'adjudicataire, il restât trace complète de l'accomplissement des formalités prescrites par l'article 692 du Code de procédure civile modifié par la loi du 21 mai 1858.

L'avoué poursuivant est à l'abri de toute réclamation, faute par les parties intéressées d'avoir, dans les trois jours qui précèdent la lecture, ou dans les trois jours qui précèdent celui fixé pour l'adjudication, soulevé un incident relatif aux irrégularités qu'il aurait pu commettre dans la poursuite.

Mais l'adjudicaire est intéressé à se rendre compte si toutes les formalités prescrites pour la purge des hypothèques ont été strictement remplies ; d'abord, pour pouvoir en justifier par les énonciations même de son titre, puis pour remplir lui-même les formalités ordinaires en matière de *Purge légale*, s'il venait à concevoir des craintes sur la régularité de celles remplies au cours de la procédure d'expropriation.

L'avoué poursuivant est invité en conséquence à faire, trois jours au moins avant celui fixé pour l'adjudication et à la suite du jugement de lecture, un dire dont on peut arrêter les termes ainsi qu'il suit :

Cejourd'hui....., au greffe du Tribunal civil de première instance de Lyon, a comparu M^e....., avoué, poursuivant l'expropriation dont s'agit au cahier des charges qui précède, lequel a dit :

Que, pour opérer la purge des hypothèques légales pouvant grever les immeubles mis en vente, il a, conformément à l'article 602 du Code de procédure civile, modifié par la loi du 21 mai 1858, et par exploit de....., huissier à Lyon, en date du....., enregistré, dénoncé le dépôt du cahier des charges qui précède, avec sommation d'en prendre communication, de fournir leurs dires et observations, d'assister à la lecture et publication dont ledit exploit indiquait les jour, lieu et heure, non-seulement aux créanciers inscrits et ayant-droit à un privilége de vendeur, mais encore :

1° A M.....

2° .....

3° ....., etc.

Et à M. le procureur de la République près le Tribunal civil de Lyon, parlant en son parquet à M...., substitut, qui a visé ledit original ;

Que par cet acte il a averti les susnommés que pour conserver les hypothèques légales auxquelles il pourraient avoir droit sur l'immeuble exproprié, ils auront à les faire inscrire avant la transcription du jugement d'adjudication ;

Que, conformément aux prescriptions de l'article 693 du Code de procédure civile, cette notification a été présentée à M. le conservateur des hypothèques de Lyon, dans la huitaine de sa date, et que mention en a été faite en marge de la transcription de la saisie, ainsi qu'il résulte de la mention suivante :

(Copier la mention.)

Qu'enfin et en conformité des prescriptions des articles 696 et 699 du Code de procédure civile, les extraits dressés pour être affichés et insérés au journal indiqué pour la publication des insertions légales, contiennent déclaration formelle, que tous ceux du chef desquels il pourrait être pris inscription pour cause d'hypothèques légales , devront requérir cette inscription avant la transcription du jugement d'adjudication ;

Que cela résulte : 1° d'un procès-verbal dressé au dos de l'original des placards par l'huissier....·, de....., le....., dûment visé et enre·gistré ;

2° D'un exemplaire dûment légalisé du journal le....., en date du....., au bas duquel est la mention suivante : Enregistré à Lyon, le.....

Desquels comparution et dire, M^e..... a requis acte et a signé, avec le greffier, après lecture.

DIRES

En matière de saisie immobilière, tous changements apportés à la rédaction primitive du cahier d'enchères, et toutes additions ou rectifications qui seraient nécessaires, seront insérés dans un dire qui précèdera de trois jours au moins la publication, l'insertion dans ce délai étant prescrite, à peine de déchéance et de nullité, par les articles 694 et 715 du Code de procédure.

Dans les autres ventes, l'article 973 ne fixant pas, comme en matière de saisie, le délai pendant lequel devront être faits les dires de contestations, il est arrêté néanmoins, pour qu'ils puissent être portés en temps utile à la connaissance du public, qu'ils devront être consignés sur le cahier des charges cinq jours au moins avant l'adjudication.

Ces dires devront être signés par tous les avoués en cause.

Dans le cas où l'un d'eux refuserait de les signer, l'avoué poursuivant devra en dénoncer immédiatement la transcription avec avenir à une prochaine audience, de manière à faire statuer sur les difficultés avant l'adjudication.

AFFICHES

Les placards ne devront contenir qu'une désignation sommaire des biens à vendre.

Les placards et affiches ne pourront indiquer, pour les renseignements à fournir, que les officiers publics, les administrateurs judiciaires, les régisseurs ou les fermiers et locataires.

Il n'y aura lieu à faire dresser et distribuer des plans que lorsque la division des lots, l'établissement des servitudes, ou l'intelligence des conditions de la vente les rendront nécessaires, et seulement après l'autorisation du Président du Tribunal, obtenue ainsi qu'il sera dit ci-après.

En matière d'expropriation, immédiatement après la lecture ou après tout jugement de renvoi, dans les autres ventes après le dépôt du cahier des charges, et toujours avant la composition du placard, il sera adressé à M. le président de la Chambre des criées une requête dans les termes ci-après, auxquels MM. les avoués voudront bien se conformer.

A Monsieur le Président

De la troisième Chambre du Tribunal civil de première instance de Lyon ;

Le sieur (*nom, prénoms, qualités, domicile*), lequel a pour avoué constitué M^e.....

A l'honneur de vous exposer :

Qu'il poursuit la vente aux enchères devant le Tribunal civil de Lyon (*par expropriation, licitation, etc., etc. Indiquer le mode de poursuites*) d'un (*ou de divers*) immeuble, consistant en (*indiquer sommairement la nature de l'immeuble ou des immeubles et leur situation.*)

(Dire sur qui ils sont saisis ou de quelle succéssion ils dépendent. — Indiquer enfin la ou les mises à prix.)

Qu'il y a lieu d'attirer sur cette vente l'attention du public pour arriver à l'adjudication des biens qu'elle comporte dans les meilleures conditions possibles.

En conséquence, il requiert qu'il vous plaise, monsieur le Président,

Vu la requête et les articles 697 et 700 du Code de procédure civile,

Déterminer le nombre d'affiches qu'il lui sera permis de faire imprimer, indépendamment des placards indiqués par l'article 699 du Code de procédure civile ;

L'autoriser, en outre, à faire faire dans les différents journaux de Lyon — (*suivant les circonstances il peut y avoir lieu de demander l'autorisation de faire des insertions dans les journaux d'autres localités*) — des instructions supplémentaires par extraits et en indiquer le nombre.

Et vous ferez, Monsieur, justice.

Nous, vice-président du Tribunal civil de Lyon ;

Vu la requête et les articles 697 et 700 du Code de procédure civile ;

Autorisons l'exposant à faire imprimer des affiches au nombre de....., outre et non compris les placards prescrits par l'article 699 du même Code.

L'autorisons, en outre, à faire, outre l'annonce légale, des insertions par extrait, savoir :

..... dans le *Salut public.*

..... dans le *Courrier de Lyon.*

..... dans le *Moniteur judiciaire.*

..... dans le *Progrès*, etc., etc.

De manière à ce que M. le président puisse à la fois indiquer le nombre d'insertions en regard de chaque journal et effacer les journaux qu'il excluera.

Fait et donné au Palais de-Justice, à Lyon, le..... 18.....

Les affiches autorisées par M. le président devront être faites sur timbre à 0,06 c. si la mise à prix est inférieure à 2,000 fr., sur timbre à 0,12 c. si la mise à prix est entre 2,000 fr. et 10,000 fr., sur timbre à 0,18 c. si la mise à prix est entre 10,000 et 50,000 fr., enfin sur timbre à 0,24 c. si la mise à prix dépasse 50,000 fr.

INSERTIONS

L'insertion légale aura lieu dans le journal ou dans l'un des journaux désignés en exécution de l'art. 696 du Code de procédure.

Indépendamment des insertions exigées par la loi, il sera fait, en vertu de l'autorisation de M. le Président du Tribunal, ainsi qu'il est dit au titre précédent, des insertions par extrait, dans divers journaux, pour assurer à la vente la publicité convenable ; mais ces insertions devront n'indiquer que *très-sommairement* la nature, la situation et le produit de l'immeuble à vendre, et la mise à prix.

AUDIENCE DES CRIÉES

Avant l'audience, tous les dires devront être signés sans aucuns blancs.

Les avoués devront se présenter en personne pour requérir les remises ou adjudications.

Dans tous les cas où les avoués intéressés à la vente, ou chargés d'enchérir, croiraient devoir exiger quelques explications sur une clause de l'enchère, les observations devront être préalablement communiquées à l'avoué poursuivant.

CAHIER DES CHARGES

EN MATIÈRE DE SAISIE IMMOBILIÈRE

Cahier des charges, clauses et conditions auxquelles seront adjugés, en l'audience des criées du Tribunal civil de première instance de Lyon (Rhône), séant au Palais-de-Justice, sur saisie immobilière, au plus offrant et dernier enchérisseur :

(Indiquer ici le nombre de lots s'il y en a plusieurs.)

1° Une maison, etc.

(Indiquer, mais très-sommairement, les biens et leur situation.)

A la requête, poursuite et diligence de.....

(Nom, prénoms, profession, demeure et qualité du poursuivant.)

Lequel a constitué pour avoué M^e..... (*noms et prénoms*), demeurant à Lyon, rue.....

2

Contre

(Nom, prénoms, profession, demeure et qualités de la partie saisie.)

Lequel (*ou lesquels*) n'a pas constitué d'avoué (*ou*) a constitué pour avoué M^e..... (*noms et prénoms*), demeurant à Lyon, rue.....

ÉNONCIATIONS PRÉLIMINAIRES

Nota. Cette énonciation doit être courte, mais complète et substantielle.

Énoncer que : en vertu d'un jugement, etc..... (*ou*) d'une obligation passée devant M^e...., notaire à...., en date du.... (*énoncer, en un mot, la nature du titre en vertu duquel on poursuit*), le sieur..... a, suivant exploit de...., huissier à...., en date du....., fait faire commandement à M..... (*nom, prénoms, profession et demeure de la ou des parties saisies*) de payer audit sieur..... la somme de..... avec déclaration que, faute de paiement, il serait procédé à la saisie des immeubles dudit sieur..... et notamment (*les énoncer tels qu'ils l'ont été dans le commandement.*

Suivant procès-verbal dressé par...., huissier à....., le....., il a été, à la requête du sieur....., procédé sur ledit sieur..... à la saisie immobilière des immeubles dudit sieur.....

Ce procès-verbal de saisie immobilière a été dénoncé au sieur....., suivant exploit de...... huissier à....., en date du.....

Le procès-verbal de saisie immobilière et l'exploit de dénonciation sus-énoncés ont été transcrits au bureau des hypothèques de Lyon, le..., volume..., n°.....

Il est possible que d'autres énonciations soient rendues nécessaires par les circonstances, notamment si le poursuivant a dû se faire subroger à une précédente poursuite, ou s'il a dû faire joindre plusieurs saisies. — Ces énonciations devront être courtes, substantielles et cependant complètes, dans le sens des énonciations qui précèdent.

S'il a été rendu un jugement sur un incident antérieur à la rédaction du cahier des charges, on pourra transcrire ce jugement, mais en se bornant au dispositif.

DÉSIGNATION DES IMMEUBLES A VENDRE

Aux termes de l'article 690, n° 2, du Code de procédure civile, le cahier des charges doit contenir la désignation des immeubles telle qu'elle a été insérée dans le procès-verbal de saisie. — Impossible de s'écarter de cette désignation.— Cependant il faut procéder par ordre et énoncer avant tout dans quelle localité, commune, canton, département et arrondissement se trouvent les immeubles, puis en indiquer la nature et en faire la description telle qu'elle existe dans le procès-verbal de saisie. — L'essentiel est de ne rien changer à ce qui est énoncé au procès-verbal; mais il n'est pas défendu d'adopter un ordre d'indications logique. L'avoué rédacteur fera plus tard les affiches, et leur rédaction devra contenir le même exposé.

LOTISSEMENT

Si les immeubles ne sont pas destinés à être vendus en un seul lot, il y a lieu d'ajouter un sous-titre au chapitre de la désignation, et d'établir en effet la composition des lots et d'indiquer s'il y aura ou non enchère générale sur l'ensemble des lots réunis ou sur quelques-uns seulement. — Etre court, net et substantiel.

PROPRIÉTÉ

Il est souvent impossible, en matière de saisie immobilière, surtout lorsque l'on procède en vertu de jugement, d'établir la propriété des immeubles saisis ; aussi l'article 690 de la loi du 2 juin 1841 n'en fait pas une obligation. Néanmoins lorsque le saisissant aura dans son titre même (ainsi qu'il arrive dans les obligations) des renseignements *certains* sur la propriété, il sera bon de faire connaître comment la partie saisie et ses auteurs ont acquis la propriété et en ont payé le prix ; et cet établissement pourra se faire séparément pour chaque partie d'immeubles.

Mais l'avoué rédacteur ne devra pas perdre de vue que cette nature d'énonciations peut engager sa responsabilité, et il n'entrera dans cette voie qu'autant qu'il pourra indiquer formellement les titres d'acquisition, leur transcription, les formalités de purge légale, les quittances ou autres actes constatant la libération successive des différents propriétaires.

Dans cette voie et avec des éléments certains, on pourra faire remonter l'établissement de la propriété à trente ans au moins.

CLAUSES ET CONDITIONS

ARTICLE PREMIER

Transmission de Propriété.

L'adjudicataire prendra les biens dans l'état où ils seront au jour de l'adjudication, avec toutes appartenances et dépendances, sans pouvoir prétendre à aucune garantie ou diminution de prix, à raison de surenchère, dégradations ou tous autres faits dommageables, erreur dans la désignation, la contenance ou les confins, alors même que la différence de contenance excèderait un vingtième.

S'il s'élève des réclamations de la part des voisins, pour prix de mitoyenneté de murs ou de surcharge non déclarés ni mis à la charge de l'adjudicataire par clause spéciale, il n'en sera point tenu personnellement et renverra les réclamants à faire valoir leurs prétentions dans l'Ordre, sur le prix de l'adjudication, à la charge par eux d'établir la conservation de leur droit privilégié ou hypothécaire.

ARTICLE DEUXIÈME

Servitudes.

L'adjudicataire jouira des servitudes actives et subira l'exercice des servitudes passives, sauf à faire valoir les premières et à se défendre des secondes, à ses périls et risques, sans recours contre le poursuivant ni la partie saisie.

(S'il existe des servitudes connues, les indiquer, ainsi que leur origine.)

ARTICLE TROISIÈME

Entrée en jouissance. — Impôts. — Contributions.
Intérêts du prix.

(Il est recommandé, de la façon la plus absolue, à Messieurs les Avoués, de n'apporter aucune modification, à cette clause, sans l'assentiment préalable de la Chambre.)

(S'il s'agit d'un immeuble non loué ni affermé.)

L'adjudicataire entrera en jouissance à partir du jour de l'adjudication ; mais s'il profite de la récolte pendante, il devra rembourser les frais de culture qui seraient dus à des tiers, en se conformant, à ce sujet, à l'usage des lieux.

Il supportera les intérêts de son prix, ainsi que les impôts et contributions, à partir du jour fixé pour son entrée en possession.

(Dans l'impossibilité de tout prévoir, on recommande au rédacteur d'apporter la plus grande attention à cette clause, dont l'interprétation peut donner lieu à des discussions sans nombre.)

(S'il s'agit d'une maison à la ville ou d'un bien rural affermé.)

L'adjudicataire entrera en possession, pour la perception des loyers ou fermages, à partir du premier jour du terme le plus rapproché de l'adjudication, que ce jour suive ou précède celui de ladite adjudication.

(Si l'adjudication devait être tranchée un jour se trouvant à égale distance entre les deux termes, tel que le vingt-six mars, il y aurait lieu d'indiquer, d'une manière précise, pour l'entrée en possession, le terme qui suivra l'adjudication.)

ARTICLE QUATRIÈME

Baux à loyer et à ferme.

L'adjudicataire devra maintenir et exécuter les baux à loyer ou à ferme ayant date certaine avant le commandement qui a précédé la saisie, et n'aura aucun recours à raison des contestations qui pourraient s'élever, à ce sujet, entre lui et les locataires. Toutefois, si des loyers avaient été payés par anticipation et d'avance, en conformité des baux enregistrés, il en sera tenu compte à l'adjudicataire sur son prix.

ARTICLE CINQUIÈME

Assurance contre l'incendie.

L'adjudicataire devra maintenir assurés contre l'incendie les bâtiments compris dans l'adjudication, jusqu'au paiement intégral de son prix.

(Il n'est pas besoin d'expliquer que cette clause devra être supprimée, s'il s'agit d'immeubles non bâtis.)

(Si le poursuivant a des renseignements précis sur l'existence d'une police d'assurance, la clause devra être rédigée ainsi) :

En conséquence, l'adjudicataire devra continuer l'exécution de la police contractée par la partie saisie avec la compagnie la....., à la date du..... et sous le numéro....., faire à la Compagnie la déclaration de la mutation de propriété et en retirer avenant.

(Si le poursuivant ne connaît pas la Compagnie à laquelle l'immeuble est assuré, la clause sera modifiée ainsi) :

Si, avant l'adjudication, il n'est fait aucun dire faisant connaître à

quelle compagnie l'immeuble est assuré, l'adjudicataire devra immédiatement le faire assurer, à ses frais, à telle Compagnie qu'il avisera.

ARTICLE SIXIÈME

Frais de poursuite de vente.

(S'il n'y a qu'un seul lot.)

L'adjudicataire paiera dans les vingt jours de l'adjudication, en sus de
son prix et sur la quittance de l'avoué poursuivant, les frais de poursuite de vente, depuis et y compris le commandement qui a précédé la
saisie jusques et y compris la vacation à requérir l'ouverture des enchères. Le montant de ces frais sera annoncé avant l'ouverture des enchères, suivant la taxe qui en sera faite, et cette indication aura tous
les effets légaux d'une notification de taxe.

(S'il y a eu des incidents dont les frais soient alloués en sus du prix, les indiquer.)

Il paiera, en outre, dans le même délai, et aussi en sus de son prix,
le montant de la remise proportionnelle allouée par le tarif sur le prix
de l'adjudication.

(S'il y a plusieurs lots, énoncer que les frais seront payés par les divers adjudicataires, dans la proportion des mises à prix, et que chaque adjudicataire devra, en
outre, la remise proportionnelle sur le prix du lot à lui adjugé.)

ARTICLE SEPTIÈME

Enregistrement et formalités à la suite de l'adjudication,
à la charge et aux frais de l'adjudicataire.

L'adjudicataire

(Ou chaque adjudicataire, s'il y a plusieurs lots)

devra, dans les vingt jours, faire enregistrer le jugement de son adjudication ; dans les trente jours, le faire signifier à la partie saisie ; dans les quarante-cinq jours, le faire transcrire au bureau des hypothèques et dénnoncer, par acte d'avoué, au poursuivant les dates de cette signification et de cette transcription, avec indication des volumes et numéros, soit de la transcription, soit de l'inscription d'office.

A défaut par l'adjudicataire d'avoir fait cette dénonciation, nécessaire pour arriver à l'ouverture de l'ordre, il pourra être, huit jours après une mise en demeure d'avoir fait cette justification, procédé contre lui à la levée d'une grosse de l'adjudication et à la poursuite de folle-enchère.

ARTICLE HUITIÈME

Paiement du prix.

L'adjudicataire paiera son prix, avec intérêts à cinq pour cent à partir du jour de l'entrée en possession, entre les mains des créanciers, dans les quatre mois qui suivront l'adjudication, suivant le règlement d'ordre amiable ou judiciaire à intervenir.

ARTICLE NEUVIÈME

Prohibition de détériorer l'immeuble.

Avant le paiement intégral de son prix, l'adjudicataire ne pourra se livrer à aucune entreprise de démolition ou changement de nature à diminuer la valeur de l'immeuble,

(Ni à aucune coupe de bois, s'il s'agit de biens ruraux)

à peine de poursuite en folle-enchère ou de consignation immédiate de son prix. Dans ce dernier cas, il supportera toute la perte d'intérêts résultant de ce mode de libération.

3

ARTICLE DIXIÈME

Election de domicile. — Titres de propriété.

Domicile reste élu, pour le poursuivant, en l'étude de l'avoué par lui constitué dans la présente poursuite. A défaut par l'adjudicataire d'avoir notifié par acte d'avoué, au poursuivant, dans les dix jours de la vente, une autre élection de domicile à Lyon, elle aura lieu, de plein droit, en l'étude de l'avoué qui aura misé et sera resté adjudicataire pour lui. Ces domiciles élus sont attributifs de juridiction. Toutes significations, et notamment celles relatives à la folle-enchère, pourront y être faites aussi valablement qu'aux domiciles réels.

(Si l'avoué poursuivant a des titres de propriété entre mains, les énoncer, en déclarant qu'ils seront remis à l'adjudicataire lors du paiement de son prix.)

(S'il n'en a pas terminer ainsi :)

Le poursuivant n'ayant pas en sa possession les titres de propriété des immeubles à vendre, l'adjudicataire n'en pourra exiger aucun ; mais il sera subrogé aux droits de la partie saisie pour retirer, en en payant le coût, tous extraits ou toutes expéditions des actes établissant la propriété de l'immeuble adjugé.

ARTICLE ONZIÈME

Des commands et coadjudicataires.

Dans le cas où plusieurs personnes se réuniraient pour rester adjudicataires, comme aussi dans le cas où une seule personne, retenue adjudicataire, userait du droit de déclarer command pour tout ou partie de l'adjudication, enfin, dans le cas où, avant d'avoir payé son prix, l'adjudicataire revendrait tout ou partie des immeubles adjugés, par actes conventionnels, il y aura solidarité entre tous ces intéressés pour le paiement de la totalité du prix et l'exécution des clauses et conditions du présent cahier des charges, nonobstant toute stipulation contraire. Si l'un des coobligés ci-dessus décédait avant le paiement de prix, il y aurait indivisibilité de la dette entre ses héritiers.

ARTICLE DOUZIÈME

Folle-enchère.

A défaut par l'adjudicataire de payer son prix ou de remplir l'une ou l'autre des clauses du présent cahier des charges, il y sera contraint simultanément par toutes voies de droit sur tous ses biens personnels, et par la revente sur folle-enchère de l'immeuble adjugé, conformément aux dispositions des articles 733 et suivants du Code de procédure civile

Il ne pourra, dans aucun cas, répéter les sommes par lui payées, pour frais, enregistrement, droits de greffe et autres.

Il en sera de même pour toutes dépenses qu'il aura faites dans l'immeuble.

L'adjudicataire sur folle-enchère profitera de l'enregistrement et de tous frais qui auraient été payés par le fol-enchérisseur. Il n'entrera en possession et ne devra les impôts et intérêts de son prix qu'à partir du jour de l'adjudication tranchée à son profit, sauf aux créanciers ou à la partie saisie, tout recours contre le fol-enchérisseur, à leurs périls et risques.

ARTICLE TREIZIÈME

Lecture. — Mise à prix. — Adjudication.

Le présent cahier des charges sera lu et publié en l'audience du samedi..... dix-huit.....

Et après l'accomplissement des formalités prescrites par la loi, l'adjudication aura lieu en l'audience des criées du Tribunal civil de Lyon, au jour qui aura été fixé, au par-dessus de la mise à prix de..... offerte par le poursuivant, outre les clauses et conditions du présent cahier des charges, ci.....

(S'il y a plusieurs lots, indiquer la mise à prix de chacun.)

Ainsi fait et dressé par M⁰....., avoué poursuivant, à Lyon, le....,

CAHIER DES CHARGES

EN MATIÈRE DE VENTES JUDICIAIRES

Autres que celles sur saisie immobilière.

CAHIER DES CHARGES (*), CLAUSES ET CONDITIONS

Auxquelles seront adjugés, à l'audience des criées du Tribunal civil de première instance de Lyon, séant au Palais-de-Justice, sur licitation, au plus offrant et dernier enchérisseur :

(Indiquer ici le nombre des lots, s'il y en a plusieurs.)

1° Une maison, etc.

(Indiquer les biens et leur situation.)

A la requête, poursuite et diligence de

(Prénoms, nom, profession, demeure et qualités.)

Ayant pour avoué M[e]

(Noms et prénoms.)

En présence de

(Noms, prénoms, professions et demeures des colicitants.)

(*) Ce projet de cahier des charges est fait pour une vente par licitation. Il sera facile de l'approprier aux autres espèces de ventes judiciaires.

ayant pour avoué Mᶜ....., demeurant à Lyon, rue.....; et du ou des subrogés-tuteurs appelés à la vente (s'il y en a).

En exécution d'un jugement rendu en la..... Chambre du Tribunal civil de première instance de Lyon, le....., enregistré, signifié à avoué le....., et à domicile le....., par exploit de....., huissier à....., enregistré, dont le dispositif est ainsi conçu :

(Copier le dispositif.)

On ne doit rapporter dans l'extrait du jugement que les dispositions relatives à la vente.

S'il y a eu expertise ordonnée, énoncer, en outre, le jugement d'entérinement.

DÉSIGNATION DES BIENS A VENDRE

Cette désignation doit être sommaire.

Dans le cas où il dépendrait de la propriété mise en vente des objets immeubles par destination, ils devront être indiqués dans la désignation générale.

Les objets mobiliers, glaces, etc., qui ne sont pas immeubles par destination, devront être énoncés dans un état estimatif, certifié par l'avoué poursuivant, et annexé au cahier des charges.

Il est important d'énoncer les servitudes actives ou passives, et les droits de mitoyenneté.

S'il y a des biens à vendre en plusieurs lots, indiquer la composition des lots.
Indiquer au moins deux des tenants et aboutissants, et la contenance en mesures métriques.

PROPRIÉTÉ

S'il y a plusieurs lots, et que les biens ne soient pas de même origine, diviser la propriété en propriété générale et en propriété particulière.

Dans la première partie, énoncer les qualités des vendeurs, indiquer les actes qui établissent ces qualités.

Dans la seconde partie, énoncer avec soin :

1° Les transcriptions, sans entrer dans le détail des inscriptions ;

2° Les certificats du conservateur des hypothèques, par suite de l'accomplissement des formalités de purge légale. (*Analyser les formalités de la dernière purge légale seulement*);

3° Les quittances ou autres actes constatant la libération des différents propriétaires, sans entrer dans le détail des procès-verbaux d'ordres, en vertu desquels a lieu cette libération; ni dans les décomptes de créances contenues dans les quittances.

Faire remonter l'établissement de la propriété, autant qu'on le pourra, à trente ans au moins,

CONDITIONS DE LA VENTE

S'il y a plusieurs lots et que, soit pour les servitudes, soit pour les locations, soit pour toute autre cause, il y ait nécessité de faire des conditions particulières pour quelques lots, il serait convenable de diviser les conditions en générales et particulières.

Dans ce projet, on suppose qu'il n'existe qu'une propriété à vendre en un seul lot.

CLAUSES ET CONDITIONS

ARTICLE PREMIER

Transmission de propriété. — Servitudes

L'adjudicataire prendra les biens dans l'état où ils seront au jour de la vente, sans recours pour surenchère, réparations, erreur dans la désignation ou la contenance, alors même que la différence de contenance excéderait un vingtième.

S'il est dû aux propriétaires voisins, des droits de mitoyenneté ou de surcharge et qu'ils ne soient pas expressément mis à la charge de l'adjudicataire, en sus de son prix, ils ne pourront lui être réclamés. Les bénéficiaires de ces droits seront renvoyés à les faire valoir contre les vendeurs personnellement ou hypothécairement, ou sur le prix, à la charge par eux d'établir qu'ils les ont conservés vis-à-vis des créanciers hypothécaires.

L'adjudicataire jouira des servitudes actives et souffrira les servitudes passives, sauf à faire valoir les premières et à se défendre des secondes en faisant valoir, à ses périls et risques, tous titres et toutes dispositions légales, sans recours contre les vendeurs.

(S'il existe des servitudes connues, les indiquer).

ARTICLE DEUXIÈME

Entrée en jouissance. — Impôts.— Intérêts

(Il est recommandé de la façon la plus absolue à MM. les avoués de n'apporter aucune modification, à cette clause, sans l'assentiment préalable de la Chambre).
(S'il s'agit d'un immeuble non loué ni affermé.)

L'adjudicataire entrera en jouissance à partir du jour de l'adjudication ; mais s'il profite de la récolte pendante, il devra rembourser les frais de culture qui seraient dus à des tiers, en se conformant, à ce sujet, à l'usage des lieux.

Il supportera les intérêts de son prix ainsi que les impôts et contributions à partir du jour fixé pour son entrée en possession.

(Dans l'impossibilité de tout prévoir, on recommande au rédacteur d'apporter la plus grande attention à cette clause, dont l'interprétation peut donner lieu à des discussions sans nombre.)

(S'il s'agit d'une maison à la ville ou d'un bien rural affermé.)

L'adjudicataire entrera en possession, pour la perception des loyers ou fermages, à partir du premier jour du terme le plus rapproché de l'adjudication, que ce jour suive ou précède celui de ladite adjudication.

Si l'adjudication devait être tranchée un jour, se trouvant à égale distance entre les deux termes, tel que le vingt-six mars, il y aurait lieu d'indiquer, d'une manière précise, pour l'entrée en possession, le terme qui suivra l'adjudication.)

ARTICLE TROISIÈME

Baux à loyer ou à ferme

L'adjudicataire devra maintenir et exécuter, comme le précédent propriétaire devait le faire lui-même, les baux à loyer et les baux à ferme, consentis sans fraude, toutes contestations avec les locataires ou fermiers, sur la validité et l'exécution de ces baux, lui demeurant chose personnelle.

ARTICLE QUATRIÈME

Assurance contre l'incendie

Jusqu'au paiement intégral de son prix, l'adjudicataire devra maintenir les bâtiments compris dans un lot, assurés contre l'incendie.

(Il est inutile de faire remarquer que cette clause sera supprimée si les immeubles à vendre ne sont pas bâtis.)

(Si le rédacteur a des renseignements précis sur l'existence d'une police d'assurance, la clause sera rédigée ainsi) :

En conséquence, l'adjudicataire devra continuer l'exécution de la police contractée par le précédent propriétaire avec la Compagnie la....,

à la date du..... et sous le numéro..... faire à la Compagnie la déclara
tion de mutation de propriété et en retirer avenant.

(Si le poursuivant ne connaît pas la Compagnie à laquelle l'immeuble est assuré
la clause sera modifiée de la manière suivante :)

Si avant l'adjudication, il n'est fait aucun dire au présent cahier des
charges, faisant connaître à quelle Compagnie l'immeuble est assuré,
l'adjudicataire devra immédiatement le faire assurer à ses frais, à telle
Compagnie qu'il avisera.

ARTICLE CINQUIÈME

Frais en sus du prix

L'adjudicaire paiera, entre les mains et sur la quittance de l'avoué
poursuivant, en sus de son prix, et dans les vingt jours de son adjudication, la somme à laquelle auront été taxés les frais faits pour
parvenir à l'adjudication des biens ci-dessus désignés.

L'indication, qui sera faite avant l'ouverture des enchères du chiffre
des frais taxés, aura tous les effets d'une notification de taxe.

L'adjudicataire paiera également, dans le même délai, entre les mains
et sur la quittance de l'avoué poursuivant, et en sus du prix de l'adjudication, le montant de la remise proportionnelle fixée par la loi ; les
droits des huissiers audienciers et les vacations, dues tant à l'avoué
poursuivant qu'aux avoués colicitants.

(S'il y a plusieurs lots, indiquer que les frais seront à la charge de chaque lot,
dans la proportions des mises à prix.)

ARTICLE SIXIÈME

Frais en diminution du prix

(Dans le cas où il s'agirait d'une vente autre qu'une vente par licitation, le premier paragraphe de cet article serait à supprimer et il faudrait modifier le second.)

L'adjudicataire

(Ou s'il y a plusieurs lots, l'un ou l'autre des adjudicataires, soit celui à qui, demande en sera faite),

paiera, mais en diminution de son prix, dans les vingt jours de la vente, les frais de l'instance en partage, terminée par jugement du.....

S'il y a lieu à dénonciation de contrat aux créanciers inscrits, les frais de cette formalité seront également payés en diminution du prix.

ARTICLE SEPTIÈME

Formalités à la suite de l'adjudication. — Signification. — Transcription. — Purge.

Dans les vingt jours, l'adjudicataire devra faire enregistrer le procès-verbal de son adjudication ; dans les quarante-cinq jours, il devra le faire signifier aux vendeurs, et, s'il y a lieu, le faire transcrire au bureau des hypothèques de la situation des biens.

Enfin dans les deux mois, il devra retirer un état sur transcription, dénoncer à l'avoué poursuivant, par acte d'avoué à avoué, la date de la signification, celle de la transcription avec indication des volumes et numéros, soit de ladite transcription, soit de l'inscription d'office.

Si l'état d'inscriptions délivré, contient des créances d'une impor-

tance supérieure au prix et, si l'adjudicataire veut remplir la formalité
de purge des hypothèques inscrites, il devra dénoncer, aussi par acte
d'avoué, au poursuivant, cet état d'inscriptions avec sommation de
rapporter les radiations dans la quinzaine. A défaut de satisfaction, il
pourra dénoncer son titre d'acquisition aux créanciers inscrits, aux frais
des vendeurs.

L'adjudicataire pourra, dans les délais accordés pour le paiement,
remplir, mais à ses frais, les formalités de purge d'hypothèque légale.

Si l'adjudicataire est l'une des parties colicitantes, il devra remettre
en communication la grosse d'adjudication, sur la 'demande qui lui en
sera faite, aux autres parties colicitantes. L'inscription de privilége de
copartageant qui serait prise, sera payée par l'adjudicataire en diminution de son prix.

ARTICLE HUITIÈME

Paiement du prix. — Commands et coadjudicataires

L'adjudicataire paiera son prix dans le délai de quatre mois, avec
intérêts jusqu'au jour de sa libération, entre les mains des créanciers
privilégiés ou hypothécaires, ou des vendeurs, suivant les attributions
faites dans l'ordre ou dans la liquidation à intervenir.

Après l'expiration de ce délai, s'il veut consigner, il se conformera
à l'article 777 du Code de procédure civile.

Dans le cas où plusieurs personnes se réuniraient pour enchérir, ou
bien dans le cas où une seule personne, restant adjudicataire, userait
du droit de déclarer command pour tout ou partie de l'adjudication,
comme aussi dans le cas où l'adjudicataire revendrait, tout ou partie
des immeubles adjugés, par acte conventionnel, avant son entière

libération, il y aura solidarité pour le paiement du prix d'adjudication et l'exécution des conditions du présent cahier des charges, entre les divers co-intéressés d'un même lot.

Si l'un des coobligés ci-dessus décédait avant l'intégral paiement du prix, il y aurait indivisibilité de la dette entre ses héritiers.

ARTICLE NEUVIÈME

Défense de détériorer l'immeuble

L'adjudicataire, avant le paiement de son prix, ne pourra se livrer à aucune entreprise de nature à diminuer la valeur de l'immeuble, même momentanément (*à aucune coupe de bois, s'il s'agit de biens ruraux*), à peine d'être contraint immédiatement, par la voie de la folle-enchère, à la consignation de son prix. Dans ce dernier cas, il supportera toute la perte d'intérêt occasionnée par ce mode de paiement.

ARTICLE DIXIÈME

Remise des titres. — Election de domicile

Le poursuivant et les parties colicitantes maintiennent l'élection de domicile qu'ils ont faite, en l'étude des avoués qui les représentent. A défaut de signification expresse, contenant une autre élection de domicile à Lyon, domicile sera élu de plein droit pour l'adjudicataire, en l'étude de l'avoué qui aura enchéri pour lui. Ces domiciles élus sont attributifs de juridiction. Toutes significations, depuis celle de l'adjudication jusqu'à celles relatives à la folle-enchère, pourront être faites valablement à ces domiciles élus.

(*Dans le cas où le poursuivant aurait entre les mains des titres de*

*propriété, énoncer ceux qui seront remis à l'adjudicataire du seul lot
ou à l'adjudicataire de chaque lot, s'il y en a plusieurs).*

*(**Dans** le cas contraire, terminer ainsi la rédaction de la clause) :*

Le poursuivant n'ayant pas en sa possession les titres de propriété
des immeubles à vendre, l'adjudicataire sera subrogé aux droits des
vendeurs, pour retirer, en en payant le coût, tous extraits ou toutes
expéditions des actes établissant la propriété de l'immeuble adjugé.

ARTICLE ONZIÈME

Folle-enchère

A défaut par l'adjudicataire de payer son prix ou de remplir l'une
ou l'autre des clauses du présent cahier des charges, il y sera contraint
simultanément par toutes voies de droit sur tous ses biens personnels
et par la revente sur folle-enchère de l'immeuble adjugé, conformément
aux dispositions des articles 733 et suivants du Code de procédure
civile.

Cette clause sera applicable même au co-héritier ou co-propriétaire,
retenu adjudicataire.

Il ne pourra, dans aucun cas, répéter les sommes par lui payées,
pour frais, enregistrement, droits de greffe et autres.

Il en sera de même pour toutes les dépenses qu'il aura faites dans
l'immeuble.

L'adjudicataire, sur folle-enchère, profitera de l'enregistrement et de
tous frais qui auraient été payés par le fol-enchérisseur. Il n'entrera en
possession et ne devra les impôts et intérêts de son prix qu'à partir du

jour de l'adjudication, tranchée à son profit, sauf aux vendeurs ou à leurs créanciers, tous recours contre le fol-enchérisseur à leurs périls et risques.

ARTICLE DOUZIÈME

Mise à prix. — Adjudication

Après l'accomplissement des formalités prescrites par la loi, l'adjudication aura lieu en (un ou plusieurs lots, composés comme il est dit ci-dessus), en l'audience des criées du Tribunal civil de Lyon, au Palais-de-Justice, le samedi...... courant (ou prochain), de midi à la fin de la séance, au par-dessus des...... ou de la mise à prix.

fixée, savoir, ci......

Ainsi fait et dressé par Me......, avoué poursuivant à Lyon, le.......